兒童書系

# 童畫祕笈

張雅燕 著

U0931909

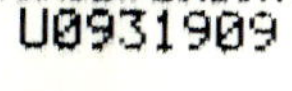

兒童書系

**童畫祕笈**

**作者**
張雅燕
**主編**
小麥子
**責任編輯**
張小鳴
**插圖**
鄧美心
**出版**
雅典文庫
香港沙田火炭坳背灣街 26 號
富騰工業中心 1011 室
**發行**
基道書樓
電話：2687-0331　傳真：2687-0281
**版次**
1996 年 1 月第 1 版
©基道出版社有限公司
ISBN 962-457-103-1
**版權所有 • 請勿翻印**

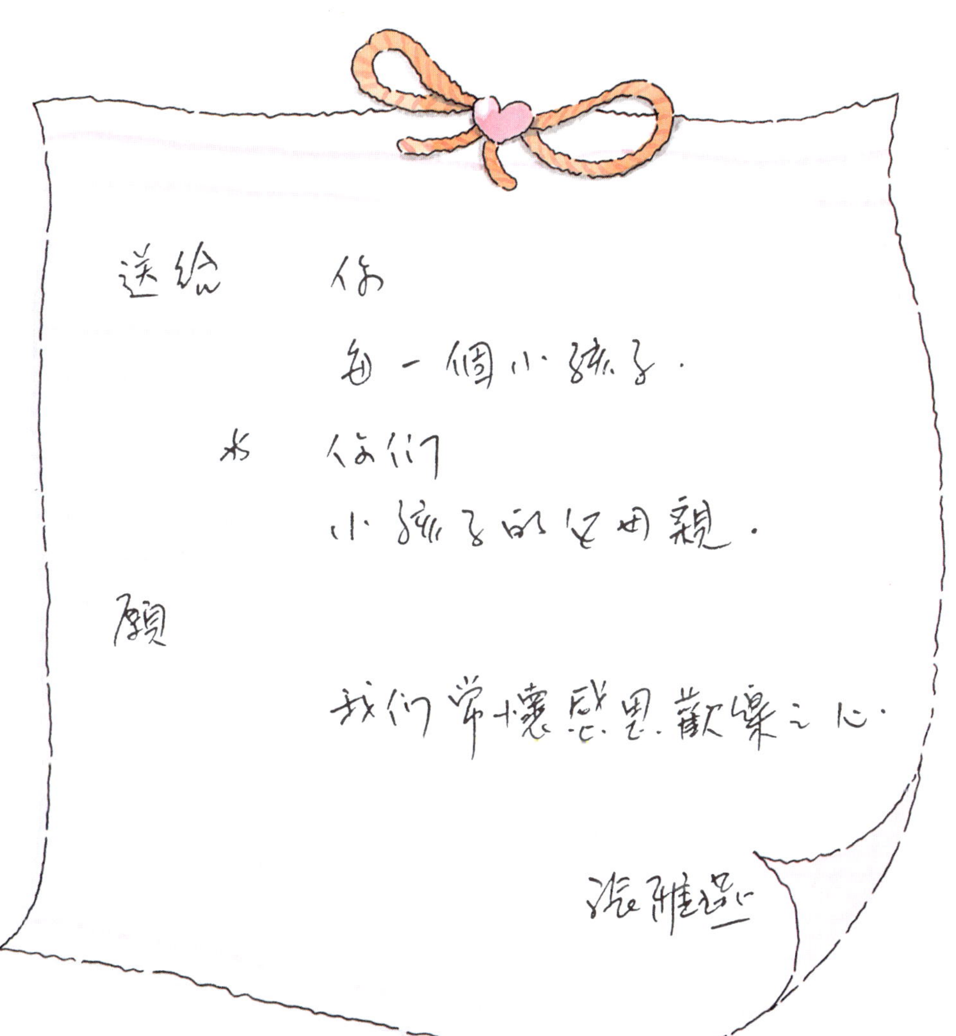
送給　你
每一個小孩子，
和　你們
小孩子的父母親。
願
我們常懷感恩歡樂之心。

紀念我的兒子——文藻

# 目錄

## 出版緣起——感恩之言

過去十年，除香港以外，我和家人曾在台灣和新加坡住過一些日子。由於身邊帶著小孩子的緣故，必須特別留意每個地方的兒童活動，因此發覺一個普遍的現象：以不同名目出現的兒童畫班，無論在哪個城市都如雨後春筍地蓬勃生長。

我不曉得每個月花了一筆學費讓小孩去上課的家長心情如何：因為小孩課餘時間得以填滿而舒一口氣？看到小孩的繪畫興趣得以發揮而感到安慰？抑或看到一幅比例不平衡、顏色不均勻、形象不大真實的爸爸／媽媽而大感困惑？

我也有兩個小孩，在成長過程中，他們沒有參加兒童畫班，但是自他們兩歲開始，身邊必然有紙張和筆讓他們自由塗畫。至今我還保留了一些兩個小孩的塗鴉之作，它們成為我在人世上珍貴的寶藏，比名家名畫於我更重要，因為這些畫作記錄了小生命成長的寶貴片段。那些言語文字不能盡情表達的童真世界，真善而美麗，率直而無偽，樸實卻多彩，寬闊而豐盛。

我深信這是創世以先，造物主早已定意賜給人世間每一個名叫小孩的人類，只不過在日漸成長的歲月裏，在世界的洪流中逐漸失掉了。

那我們怎麼辦呢？當我們有了自己的小孩，當我們的工作與生活必須接觸孩子，我們用甚麼跟他們交誼？我們憑甚麼和他們溝通？我們如何了解他們？

我有幸曾參與引導兒童畫創作工作，在那些日子裏重拾童畫世界的真實面貌，俯伏在一個專注而真情的小天使跟前，聆聽探索內中包涵的天國信息：好像一個三歲的小男童，用了一個下午，小心而情深地用泥膠搓成三個小圓圈波，然後鄭重告訴我，三個波波是三個小星球（planet），一個香港星球（我住的地方），一個加拿大星球（他父親的故鄉），一個英國星球（他母親的故鄉）。小男孩祈求天父祝福保護這三個小星球平安美滿。在這裏我窺見了天國的美麗——愛與平等這樣遼闊宏大的理想，安然居住在一個三歲的細小腦袋裏面。

於是我心中有一個小小的禱願：有人可以搜集這些珍貴的童心童畫，出版一本書就好……過了幾年，雅燕告訴我，她已開始在報章寫了一系列關於欣賞兒童畫的文章。我如獲至寶地看，驚歎於這位朋友對小孩體貼的了解和愛。雅燕寫兒童畫，已超越了單單欣賞或心理研究的層面。這位作者以畫家的身分，抱著母親的襟懷，同時以朋友的心情把童畫童真還原到生活中去，從不同的童畫去接觸孩童世界最基本的需要和不同層面的領域，跟他們同喜同悲同感同玩同樂同嬉戲，甚至一起成長。

去年雅典文庫告訴我他們願意出版一系列的兒童書籍，筆墨真的難以形容我的感恩與喜悅。

如果雅燕在序言裏說我能讓她隨心意所到自由發揮，那麼我們其實應該感謝雅典文庫眾同工的支持與鼓勵，以致我們可以把多年因接觸兒童和兒童畫而領悟的意思表達出來——這就是一本不單是翻翻看看的、欣賞或閱讀的書，卻是透過文字與圖畫，提供孩子與成人（家長／老師）一個增加了解溝通的園地，可以一同談談説説；一同分享心情；一同笑笑玩玩；一同畫一同做（勞作、遊戲）；一同跳（舞）；一同反省，一同靜思；一同宣洩；一起回歸天國的真善美。

為著這個蘊藏十多年的心願得以完成，除了感謝雅燕，感謝雅典文庫眾同工，更要感謝把我們牽引一起同工同樂互助互愛的天上父親。

盼望你和你的小孩都以喜樂的心同享這個小小的亭園。

小麥子

一九九五年秋

# 自序

在八八年一個偶然的機緣下，參與了兒童刊物的編輯工作，因而開拓了另一個天地，這是我從沒有想到過的。

自小喜愛繪畫，繪畫於我是最稱心的工作。幸運地一直能夠躲在這片自得其樂的藝術天地。也許可以說要是離開了視覺藝術的範疇，不論在甚麼環境，總有點像陸上的魚一樣，身心沒處放。但是在接觸了兒童工作後，竟是如魚得水，樂在其中。接著是編寫兒童書籍，開辦不同的兒童藝術工作坊，都能得到很大的回應。在兒童工作基礎較穩固後，我總感到單是教導兒童是不足夠的，因為父母親的合作和支持，並非輔助性而是根源所在，是必需的。於是我把兒童刊物工作的經驗加以發展。從八九年開始，探訪兒童畫室和學校，研究不同的兒童畫及教學方法，範圍也包括身體與智能有缺陷的兒童。這研究工作，使我能從不同的角度探討香港小朋友的內心世界，不同的兒童畫及其創作背景，反映了許多家庭及社會問題。孩子們的純真和喜樂、欲望和困擾、幻想與失落，有使人從心裏笑出來的，也有令人無奈和感慨的。我把這些珍貴的研究個案，定期刊在報章的〈童畫童話〉專欄；同時也製作了許多幻燈片，在講座中與家長研討。在當時「親子」還是一項很新的課題，從開始孤獨的摸索，在藝術中心開設親子活動，及為香港藝術館創辦親子藝術工作坊，到後期許多的研討會及活動，使我的研究工作，能擴大層面和視野，得到更深入的觀察和了解。在這研究領域裏，除了工作充滿挑戰和樂趣外，更使我對世事萬物的價值，從新的角度思考觀察，這是最難得的收穫。同時，也認識了許多志同道合的朋友，他們的鼓勵和幫助，也是我持續至今的動力之一。

過去，曾多次有熱心的朋友，鼓勵我把〈童畫童話〉專欄的文章結集成書，因為香港十分缺乏兒童美術欣賞的讀物。但每次都因種種問題而擱置下來，最重要的是，我覺得好像還不是適當的時候。今年春，寶琳（小麥子）來電，再次提及這些文章，我一方面為她對這些文章的記掛和愛護而感動；另一方面，在討論讀者對象時，想到倘若一本小書除了可供小朋友和家長一起閱讀欣賞外，也希望能為小朋友提供一些有趣的遊戲和活動。然後在寫作過程中，又想到倘若家長也能參與這些活動，便更理想了。於是我把〈童畫童話〉的每一篇個案，再次研讀重寫。每次與寶琳討論我的新觀感和發現時，大家便像兩個小孩子般興奮，為孩子們的歡樂而歡樂，為他們的敏銳感性而反思，和他們憂慼與共。期間，感謝寶琳給我的信心和支持，讓我能隨心意所到自由發揮，而我心中一直在想，應該是時候了，應該是這樣子的了。這本小書，便是這樣完成的。

希望你們也像我一樣，在不同時候看這些孩子的畫，都能有不同的啟示和樂趣。

童心

《看彩虹》弱智小朋友作品

# 送你一條彩虹橋

紅花兒抬起頭　看——
藍天俯身親吻孩子的臉　讓——
那高舉的手臂擁抱天上的彩虹　快——
摘下一片色彩　齊來編織彩虹橋
紅橙黃綠青藍紫　是——
天上的彩帶　心中的虹橋

## 祕密任務

三原色——

1 ? 色 ? 色 和 ? 色 合稱三原色

2 (a) 藍色 + ? 色 = 紫色

(b) 紅色 + ? 色 = 橙色

3 用青蘋果、青瓜、蜜瓜榨出的果汁，它們的顏色是否一樣？

4 以下的水果，哪一種含

維他命 C 維他命 A

| 橙 | 番茄 | 木瓜 | 南瓜 | 西柚 |
|---|---|---|---|---|
| ( ) | ( ) | ( ) | ( ) | ( ) |

## 給家長的便條

著名的現代畫大師畢加索 (Picasso) 曾說過：「每一個小孩子生來都是藝術家，問題是在他們成長後，怎樣保持這種心靈質素。」

圖畫《看彩虹》，叫人看到孩子心中美麗和充滿希望的世界。每個人心中都有一條彩虹，讓我們通過書中的兒童畫，攜手築起這條彩虹橋，看孩子們在橋上摘星。

祕密任務答案：

(1) 紅 黃 藍

(2) (a) 紅色 (b) 黃色

(3) 試實驗求證，請媽媽分別為你弄三杯上述的果汁，喝下去，看除了顏色以外，味道的分別如何？

(4) C、A、A、A、C。

## 親子活動教室

築橋方程式——

愛 + 關懷 + 廣闊胸襟 + 細密心思 + 你的行動

請由今天開始，收集築橋的材料，合力把橋連起來。

同賞

《會長大的圖畫》楊伊霞　四歲

《會長大的圖畫》楊伊霞　六歲

# 會長大的圖畫

這些一團團的東西，究竟是甚麼？

看不明白不要緊，小時候的你，也有畫過一些這樣子的圖畫，難道都忘記了！

塗塗畫畫真好玩，又不是要別人看得懂的。伊霞其實早已心中有數。這是小鳥，那是飛機。看！畫的上角有兩個小人兒，我稱他作「大頭人」，不是畫得很清楚嗎！畫人真是不容易的，頭以下還有身體有手足，但這些都難不到她，雖然伊霞只有四歲。

塗呀塗，畫呀畫，一團團的東西，都現形了。天上有彩雲和太陽，有鳥兒在飛，地上有朋友。「大頭人」也長大了，女孩子愛長髮，彩衣花裙像娃娃；男孩子頭髮短，精神抖擻像士兵。

轉眼伊霞已經六歲了。

## 密碼註解 

「大頭人」—— 有個大頭的人。

圓圈代表頭部，身體手足是由直、橫或斜的線組成。身體畫成像竹枝可叫「竹枝人」，像筷子可叫「筷子人」……只有一個圓圈加一條線的，叫「蝌蚪人」。

## 祕密任務

1 試找出你在不同年齡畫的圖畫，作一比較，看看有甚麼變化。哪些東西畫得較像實物；甚麼題材是你常重複繪畫的。

2 做個小記者，訪問爸爸媽媽，請他們說小時候繪畫的趣事。

## 給家長的便條

伊霞四歲時的畫，畫中各物體真面貌不能分辨，只見到一團團的顏色。這個時期色彩之於她，並不代表物體的真實顏色，而繪畫只是一個遊戲，一個個不同形狀象徵著不同的東西，可以是花、鳥，或人物等。孩子從亂塗亂畫中學習，進展到思考分辨階段，但還未能充分掌握物體的形態。畫中的「大頭人」常見於幼兒畫中，他們開始學習繪畫人時，只注重頭部。頭用圓圈代表，身體是簡單線條組成。從觀察加經驗，漸漸學懂掌握對稱和垂直結構性的對應關係。伊霞的「大頭人」，身體手足對稱平衡，這對四歲的孩子來說，是很不簡單的成就。

伊霞六歲時的畫，畫中形象全清晰可見，都落在適當的位置。人物不單有獨立的面貌和形態、髮飾衣服圖案，及汽車後燈亮光等。一切都顯示她對周圍事物的觀察和認知，因著年齡增長而成熟，開始有意識和運用技巧在圖畫上表達出來。

幼兒亂塗畫的線條色彩，是表現造形的要素。不要過早期待孩子們能畫出些甚麼，不要把繪畫遊戲變了功課和負擔，讓他們無憂無慮地享受塗畫的樂趣。孩子得著這個信心和經驗，慢慢便能把自己的思想和創作潛能發揮。

《船或屋》夏綺敏 六歲

# 船或屋!?

好漂亮的一條船！

船？誰説的？你把圖畫倒過來看——

好別緻的一間屋！

那究竟是船還是屋？

故事是這樣的——

綺敏本是在畫一間屋，二樓露台有美麗的盆栽。畫上方是藍色的天空，下面是青綠的草地，屋旁有花又有樹……

「這條船很漂亮啊！」站在對面的同學們看見了，都這樣説。

綺敏把畫倒過來看，它真的像一條船。於是她把藍色的部分加重些，天空即時變了海洋。真好玩，像變魔術似的。再畫上三角形的帆，便成了一條漂亮的帆船。

你喜歡造船還是建屋呢？

## 祕密任務

1 試繪出你心中的屋，在畫尚未完成時，把它倒轉來，看看像甚麼，然後再把畫完成。

2 把完成的圖畫拿給你的同學和朋友看，再拿給爸爸媽媽看。請先別告訴他們畫是怎樣完成的，看他們能否找出畫中的祕密。

## 親子活動教室

請孩子為你講解並與你分享一幅他自己的創作。

## 給家長的便條

我想沒有一個小孩子是不喜歡塗塗畫畫的。繪畫之於兒童，只不過是一個遊戲，他們在紙上塗畫，把生活上的經驗和有趣發現，直接表達出來。

小孩子對世界充滿好奇，腦中滿是些古怪問題。你看見天上飄著白雲，他說看見小狗在跑；你對孩子說這隻猴子畫得真可愛，而他告訴你這是一隻貓。

附圖的兒童畫，顯示了孩子繪畫的遊戲心態。圖畫不管像不像，有形象或亂七八糟，都是好玩的，完全健康的孩子心態。硬要他們一板一眼繪出合理規矩的畫，好比是教孩子說成人的話。過分注重技巧會限制了兒童繪畫的意欲和想像力。

孩子的畫是一個發現過程，沒有對與錯。父母可盡力鼓勵他們把自己感覺畫出來，重要的是創作過程而不是繪成品，讓他們自由發揮，不必太拘泥形式，就算繪成四不像，只要他持有繪畫的意願，便是好的。

《會說話的圖畫》黃葆霖 五歲

# 會說話的圖畫

「圖畫會動嗎？」「不會。」

「嘴巴會動嗎？」「當然會。」

如果把會動的嘴巴貼在圖畫上——

葆霖學懂了怎樣做一個  活動的方形摺紙後，繪畫了這幅《會說話的圖畫》。

活動方形摺紙像甚麼？它一張一合像極了嘴巴。三個嘴巴配上三張臉，葆霖用紅藍綠三個不同顏色，配上不同圖形，分別代表了爸爸、媽媽和自己。

三個嘴巴，三個頭；

歌聲飄過後山頭。

六顆眼睛，三雙手；

心扣心時手牽手。

## 密碼註解

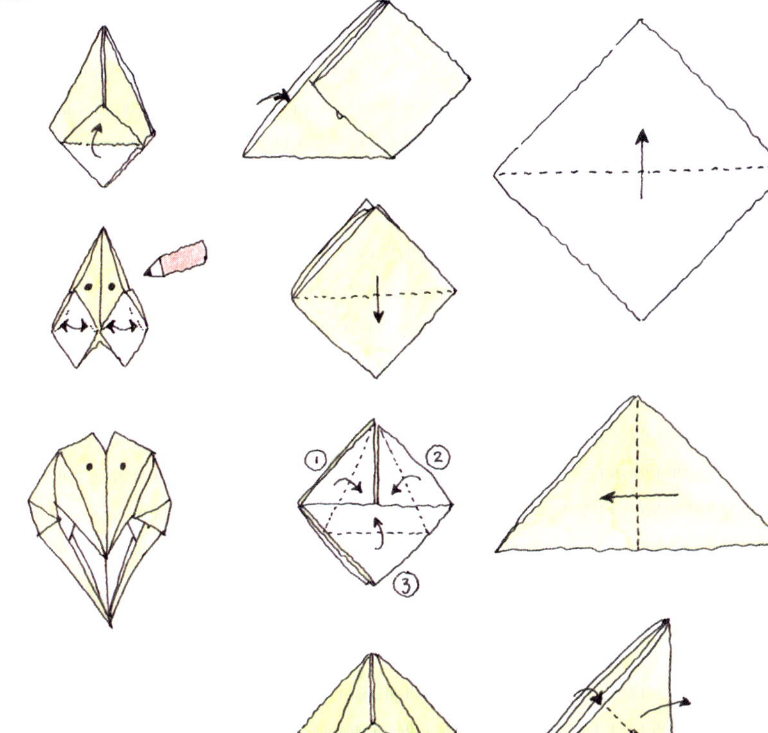

## 祕密任務

1 你猜誰人站在哪個位置？（參 28 頁圖畫）

爸爸　　　　媽媽　　　　葆霖

(　)　　　　(　)　　　　(　)

2 請你告訴我，他們在説甚麼？

《表情練習》 張啟昕 六歲

## 表情練習

在這幅圖畫裏面，究竟有多少個不同的表情，你有興趣數數看嗎？

微笑（ ） 咧嘴大笑（ ） 忿怒（ ） 扮鬼臉（ ）

哭（ ） 無表情（ ） 驚奇（ ） 還有是——

在這些不同的表情中，除卻笑容外，有四個是有著同一特徵的，請大家細心把它找出來。

秘密任務 

1 請給他們一個完整的臉孔。

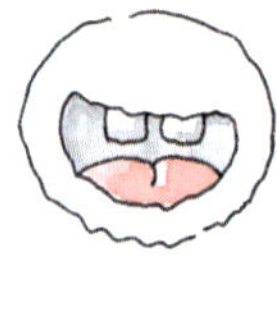

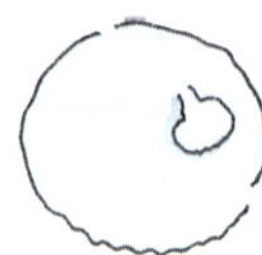
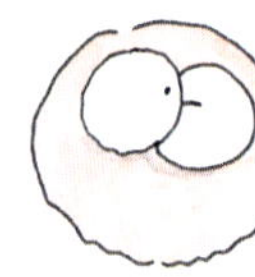

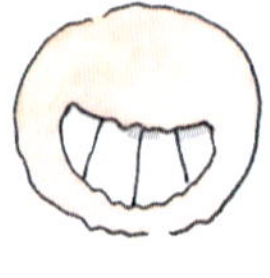

2 你每天都會碰到許多不同的面孔，有開心的、愁苦的，也有木無表情的……那何不快把今天遇到的，令你最深印象的表情繪畫出來。

答案

笑崩牙

原來作者啟昕正值換門牙，笑起來時牙齒開了窗。

而同學中許多也是正在換牙，因此有感而發。

## 給家長的便條

孩子的感覺是十分敏銳的。他們常把注意力集中在人的頭部。年紀愈小的，愈愛誇張地繪畫，畫一個大頭便代表了整個人，特別是臉容的各種表情變化。也就是說，你的喜怒哀樂，常被攝進了他們童稚的眼睛。那麼，從今天起，請笑多一點點。

## 親子活動教室

運用附圖的「五官」，與孩子為家庭中每一位成員，製作「愛的面具」。特點是每一個面具必須是平和安詳的，扮鬼臉或笑口常開的更佳。作用是當家中某成員心情欠佳，想罵人或發脾氣，又或是要說「對不起」時，面具便可大派用場。這樣能輕易大事化小，小事化無，無事也化成趣事。

《忍者龜大戰》大衛

《青蛙大樂隊》 陳栓時 十歲

# 偶像

忍、忍、忍、忍者龜大戰爆發了。

地面上的黃衫忍者龜，雙手揮動寶劍；格仔龜也扎馬預備；其他的龜兄弟們已飛上天空迎戰。穿梭噴射戰機左右穿梭，還好忍者龜們勇敢機靈，搬出了祕密武器……

KE—KE—KEROOOO PPI

歡迎 KEROPPI 青蛙大樂隊！ (請大家鼓掌！！！)

紫色格仔裙的青蛙小姐是主音歌手，紅白間條裙的是結他手，淺藍黃花裙的是和音歌手，你看他們唱得多陶醉。

還有站在後面的大樂隊，鼓手、鑼手和鋼琴師，他們負責合唱及和音部分。

現在請大家靜心欣賞牠們的演出。

## 祕密任務

你心中的偶像是誰？

現在就寫一封信給他/ 她/ 他們/ 牠，訴說你的近況好嗎？

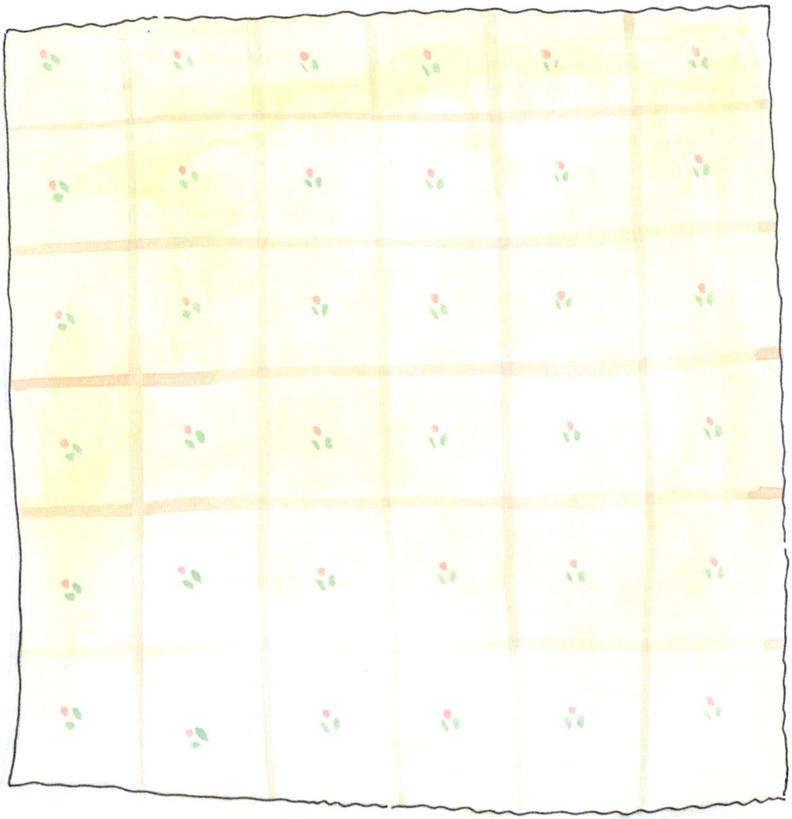

## 給家長的便條

每一個人在成長過程中，不同時期總有一些偶像出現。小孩子崇拜卡通英雄人物，青少年男女崇拜影星歌星，成年人也有他們自己的偶像。崇拜偶像時期的長短則因人而異。年幼的孩子，他們第一個偶像，很多時是父母親，因為在他們弱小的世界裏，父母能給予充分的溫暖、愛護和安全感。孩子漸長，便把偶像範圍擴大至學校社羣。另一方面，卡通及流行的玩具英雄人物，和他們的生活有密切關係，能滿足他們的幻想世界。

倘若兒童在一個長時期畫著同一偶像，只要不影響正常學習，父母是不用太緊張和擔心的。小孩子往往把自己的心聲及渴望代入畫中人物，多觀察兒童畫，能幫助你了解他們的心聲。

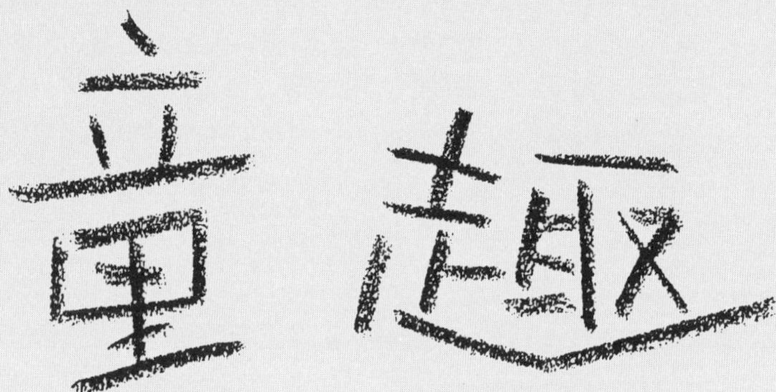
童趣

《假如沒有了地心吸力》 羅芳雨 九歲

# 假如沒有了地心吸力

假如沒有了地心吸力，會是怎樣子的呢？

芳雨站在畫的一角，興奮地告訴我們這裏發生的事。

你大概也留意到芳雨的頭髮，這不是甚麼新髮型，全因為沒有了地心吸力的緣故。她的裙子也向外張開。地上的花兒飄到天上去，天上的星星和飛鳥，也快要掉到地上來。

畫中央有棵大蘋果樹。但這一次，蘋果不會掉在地上，旁邊的葡萄，也不可以再一顆顆連在一起了，它們正要向四面八方散開去。但這樣複雜的事，怎樣畫才好呢？

符號。對了，就用符號吧！在要散開的方向，加上箭嘴指示，問題一下子便解決了，簡單便捷，誰都看得明白。

## 祕密任務 

這是芳雨的幻想故事。你想像中沒有了地心吸力的情景，又會是怎樣的呢？

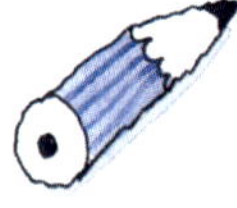

《嚴拿偷花賊》 傅夏萍　五歲

# 嚴拿偷花賊

啊！有人偷偷在公園裏採摘花朵。

「真沒公德心！」站在一旁的夏萍，看到這情景，心中很不舒服。

一日，在畫室裏，夏萍想起那天在公園裏發生的事——

好美麗的公園，四周是盛放的花。畫中女孩穿著別緻的衣裙，手中拿著一朵大紅花。

但女孩身旁各有一個狀似圓圈的符號，這究竟是甚麼東西？

## 密碼註解

原來大的符號「 」，是一個在公園用來捉拿偷花賊的新型機器。倘若這機器失靈，旁邊小的符號「 」，便會立時生效，產生輔助的作用。

## 祕密任務

試把以下幾個符號，運用在圖畫裏說故事。

1 a. ↑ ←→ ↓ b. ⊔ ⊓

2 請替道路標誌填上適當的答案。

3 齊來建造你心中的理想城市和街道。

## 給家長的便條

小孩子在早期語言發展階段，十分自我中心，也常會重複一些聲音和話語。但當詞句不能夠表達心中感想時，便會加上簡單的動作輔助。

在繪畫方面也一樣，小朋友是運用符號的高手。在還未能完全掌握繪畫技巧時，遇到不能表達的複雜問題，簡單有力的符號和圖案，便會重複被用於畫面上，以幫助表達心中要說的話。這些符號既抽象又具相當包容性，令兒童畫充滿樂趣和生機。

密碼任務答案

a 停車及讓路
b 禁止車輛駛入
c 禁止停車
d 禁止泊車
e 禁止掉頭
f 禁止響號
g 禁止單車進入
h 行人止步

# 給爸爸的信

如果可以用圖畫代替文字來書寫，一定很好玩！

這裏有三封信，分別是三位小朋友寫給爸爸的，你試試能否看得明白？

雖然大家都是嘗試用圖畫代替文字，內容也差不多，但你有沒有察覺，這三封信的寫作方式都不相同。

你喜歡選擇哪一種方式來寫信呢？

《給爸爸的信》 傅光輝 十歲

1 作者把每一個字的意思和字的結構，拆開分析，再用圖形代替和重新組合。好像「好」字，是左邊一個「女」字，右邊一個「子」字合成的，所以「好」字的「女」，可繪圖女子代替。

《給爸爸的信》 李穎欣 十歲

2 穎欣利用文字的發音和意思，用同音或同義的圖形代表。 好像星期的「星」字，可繪畫一顆星代替。

《給爸爸的信》　單漢權　五歲

是否較難看得懂呢？信中除了幾個文字外，差不多全是畫，不是每一個字的變化，而是畫了整幅圖畫。因為漢權年紀小，懂的文字有限，所以要與爸爸說的話，都直接用圖畫來代替。

## 密碼註解

1 親愛的爸爸：

你好嗎？生日快樂！我在香港已經買了生日禮物給你了。你在澳洲生活好嗎？我在香港生活很好，有空再寫信給我吧！再見！

傅 (?) (?)

請看圖猜作者名字

密碼註解答案

傅光輝

2 親愛的爸爸：

星期日我們一家人去公園玩，會帶很多汽水、餅、糖果、蘋果和水。還會打羽毛球，盪鞦韆、玩滑梯、放風箏。我們很想你來一起玩。

3 親愛的爸爸：

星期日；公園；小丑表現；超人把一片西瓜擊落；天上一顆星星看到了忍不住笑——依！！！(用英文的小草 e 字代替。)

## 祕密任務

1 用圖畫代替文字，寫一封信給——任擇其一：

爸爸

媽媽

上帝

2 請猜猜以下幾個象形文字的意思。

(a) 

(b) 

(c) 

(d)

答案：(a) 日 (b) 月 (c) 射 (d) 車

《貓才流失》 羅芳雨 十歲

## 貓才流失

海裏的挖泥工程船，不斷在掘呀掘，大海快要變成陸地了。這個環境不單嚇怕了人，連貓家族也要移民呢！

貓爸爸提著行李，媽媽挑著包袱，貓弟弟也用尾巴捲起他的書包。捨不得走也沒法子，最高興的還是老鼠兄弟，牠們站在寫上「填海」二字的木牌上，拍掌高呼「好啊！」

芳雨家居美孚，黃昏最愛在海旁散步。那裏常聚集許多流浪貓。芳雨甚愛貓，常流連海旁與貓嬉戲，可是最近因為填海工程的關係，大貓小貓都不見蹤影。芳雨十分難過。剛巧香港電台教育電視《打電話問功課》舉辦了一個漫畫比賽，題目是《香港百態》。芳雨把貓兒被逼遷的事，繪成了《貓才流失》參加比賽，結果圖畫取得了冠軍。

你想知道圖畫背後的故事嗎？

## 祕密任務

1 你的家居環境，或者房間的布置，有甚麼地方是你不滿意的呢？請別移民，快快把這些問題寫成報告，送交爸爸媽媽看。

2 寫一張明信片給你的同學，說出三個你不願意離開香港的理由。

## 給家長的便條

小朋友是感性的，觸角十分敏銳，許多家庭問題、社會新聞時事，他們都能從不同角度知悉，但往往是一知半解。但請別低估他們的理解能力，在適當和可能情況下，與小朋友分享及討論一些家庭及社會問題，不但能聽取他們的心聲，更可以給予適當的分析和輔導。

## 親子活動教室

請嘗試每隔一段時間，讓孩子們親自動手布置自己的房間。

童話

## 畫中話

試過在繪畫時，加上一些文字解說，或人物的對話嗎？那些文字在畫中往往很重要，就好像附圖這兩幅圖畫，畫中都附有文字，也是作者心中要說的話。

《爸爸我們去公園》譚瑋霖　六歲

這位小朋友問爸爸：「可不可以去公園？」但爸爸一口拒絕了他，也沒有說明不可以的原因，小朋友不明白也很不開心。你試想，如果那位爸爸把原因說明，小朋友心中是否會感到好過些呢！

《媽媽，再見》 楊伊霞　七歲

「媽媽又要外出了！」小朋友覺得最難過的是每次媽媽要出門的一刻。你看他與媽媽說再見時的樣子，半邊身體飛了出窗外去。你是否也曾有過這樣的經驗，倘若媽媽忘記了回頭與你說再見，你甚至會哭起來呢！

## 祕密任務

1 試把這兩幅圖畫中的文字蓋著，對圖畫有甚麼影響

變得沒有意思（　　）　　沒有改變（　　）

2 以下幾個情況，哪一些你認為是最難過，哪些是可以接受的，請填上合適的符號

(1) 與爸媽說再見（　　）

(2) 要求外出玩耍被拒絕（　　）

(3) 爸媽不答允買玩具和漫畫書（　　）

(4) 應付考試（　　）

(5) 不准吃朱古力或你最愛的零食（　　）

(6) 不可與同學「煲電話粥」（　　）

(7) 一星期只可玩一次電腦遊戲機（　　）

(8) 打針吃藥（　　）

(9) 被老師責罰（　　）

(10) 被爸媽責罰（　　）

可以接受　　不大開心　　十分難過

## 給家長的便條

小孩子的感情是敏銳和脆弱的，特別是對老師、父母等長輩的話，反應十分敏感。成年人以為是「小事」，在他們眼中可能是「大事」。因此家長應多從孩子的角度思考，嘗試了解他們的感受，在有需要時，給予適當的解釋和輔導。不但能紓緩孩子不安的情緒，更能增加彼此的感情和了解。

## 親子活動教室

祕密任務中2項，共有十條問題，試用孩子角度去想，在下文填上符號。再與孩子的答案比較，看看你對他的感受了解有多少。

(1) 與爸媽說再見（　　）

(2) 要求外出玩耍被拒絕（　　）

(3) 爸媽不答允買玩具和漫畫書（　　）

(4) 應付考試（　　）

(5) 不准吃朱古力或你最愛的零食（　　）

(6) 不可與同學「煲電話粥」（　　）

(7) 一星期只可玩一次電腦遊戲機（　　）

(8) 打針吃藥（　　）

(9) 被老師責罰（　　）

(10) 被爸媽責罰（　　）

可以接受　　不人開心　　十分難過

《發怒的媽媽真有趣》 楊伊霞　七歲

## 發怒的媽媽真有趣

一天，伊霞在畫室畫了附圖這幅有太陽、花、白兔的圖畫，畫中還有美麗的媽媽。可是老師不知道媽媽手中拿著的是甚麼，你能猜到嗎?

猜不到不要緊，現在告訴你。原來那天伊霞做錯了一些事，被媽媽罰。在畫室裏她想起了當時的情景，便把它畫了出來。

伊霞說媽媽兩手發出一道紅和黃色的火光，手背後藍色的是斧頭，而在身體後面紅和藍色的東西，是升空器。這些當然全是想像力豐富的伊霞的傑作。但是如果你以為伊霞對媽媽心懷恨意，才畫出這樣的圖畫，那便猜錯了。你看媽媽臉上一點惡意也沒有，而且她的身體還是用心形造成的，可見媽媽在她心中充滿愛意。只因為媽媽震怒時蹦蹦跳的神情，教伊霞覺得很有趣，於是產生了這樣的聯想。

## 祕密任務

今天是伊霞生日，媽媽買了大蛋糕，請你和她的四位朋友一起吃。連爸媽伊霞在內，共要分八份，你能用三刀便把蛋糕分成八等份嗎?

## 給家長的便條

每一句話，可以有許多不同的表達方法。試回想你上一次責罵孩子的情形，檢討自己的語氣和態度是否恰當。

## 親子活動教室

代替責罵和懲罰，你可以——

(a) 提出另一有建設和可行的做法，或提供一些另類選擇。

(b) 在不攻擊孩子性格弱點前提下，表示你的不滿。

(c) 說出你對他的期望。

(d) 指導孩子作事後的補償和糾正。

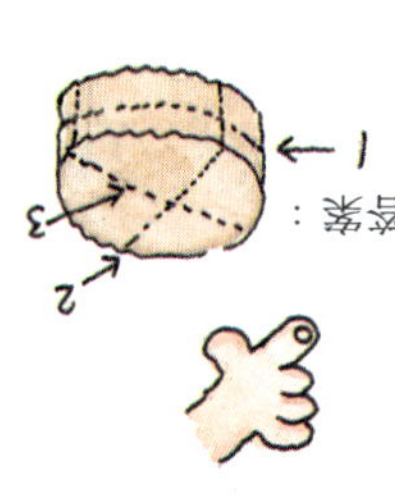

《劉方缺課的原因》 劉方 四歲

## 劉方缺課的原因

最近劉方不大願意上繪畫課。有一天，因為掛念老師和同學，於是又回到畫室。然後他畫了附圖的圖畫，這也正是他不願上課的原因。憑畫中的圖象，你猜劉方想告訴你發生了甚麼事呢?

現在讓我們一起研究。畫中有兩位人物，穿紅衣的小朋友站在前面，手上拿著類似手槍的物體，穿著藍衣的小朋友站在後面。再比較他們臉上的表情，一個是威風八面，一個是一臉驚惶和無奈。現在，你大概已找到了一些線索，由此推想，劉方不願到畫室上課的原因是——

## 密碼註解

畫室的一位同學很頑皮，最愛作弄人，常拿槍指嚇劉方。劉方不願上課，就是怕被他用槍追趕。

## 祕密任務

用槍嚇人是不好的，劉方希望大家和平相處。現在讓我們罰這位頑皮同學，叫他試玩一個考智力遊戲當作賠罪吧！

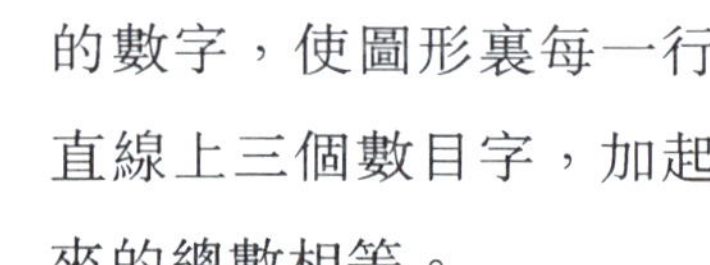

在圓圈內填上 1 至 11 的數字，使圖形裏每一行直線上三個數目字，加起來的總數相等。

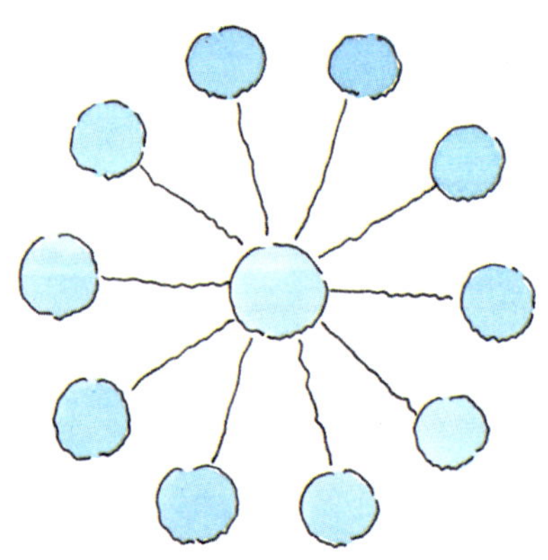

## 給家長的便條

繪畫除了是遊戲外，也是一個十分好的感情宣洩渠道，它較語言有更大的包容性，也較容易表達。小孩子繪畫十分自我中心，他們畫的內容，都來自親友同學、家庭和學校生活，在充滿幻想和遊戲的表達技巧下，處處流露了他們的感情、思想、喜惡和欲望。家長多欣賞兒童畫，多關心孩子在繪畫上的表現，能有助了解助他們的內心世界，加強彼此的溝通。

秘密任務答案：

《劉方的不「好」》　劉方　四歲

# 劉方的「好」

劉方小朋友有甚麼「不好」？

究竟發生了甚麼事？你想知道嗎？

有一天，劉方在學校，因為頑皮心起，竟然用石子擲同學不用我說，你也知道這樣做是不對的。劉方當然明白，而且除了認錯外，心裏也很後悔和難過。於是在繪畫課上，畫了這幅圖畫，記錄了他犯錯的情景，更寫上了自己的不好。

你曾犯錯嗎？事後雖然心有悔意，但要與別人解釋是很為難的事，對不對？不說出來心裏又不舒服。這正是劉方的感覺。倘若把整件事情畫出來，就好像把心中的石子拿了出來一樣，會感到舒服和輕鬆。

勇於認錯的孩子，當然是「好」孩子。

## 密碼註解 

圖中穿紅衣的是劉方，穿裙子的是他的同學。

## 祕密任務 

1 試用圖畫繪出這星期裏你的「好」。

2 請你幫忙替我寫一封安慰信給劉方好嗎。

3 假設你是劉方，在這件事上，除了繪畫，你會用甚麼方法令自己心裏好過些呢?

朱古力，蛋糕、雪糕（　　） 電腦遊戲機（　　） 看電視（　　）

看書（　　） 跑步（　　） 踢足球（　　）

郊遊（　　） 其他（　　）

## 給家長的便條

孩子的喜怒哀樂感覺，都和他們的行為表現有著十分密切的關係。家長常不自覺地忽略了孩子的感受。多尊重他們的感受，幫助他們面對自己的感覺，能及早化解許多問題，避免積壓成心結。

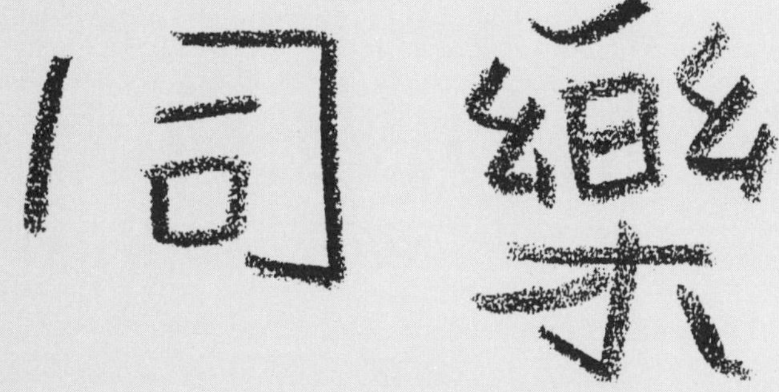
同樂

《妹妹在彈琴》 作者實齡十歲，智力三歲半

# 妹妹在彈琴

請大家靜一靜——

你聽到叮叮噹噹的琴音嗎?

妹妹正在彈琴呢！

雖然不知道妹妹正在彈奏那首曲目，但看她傾著身，雙手在琴鍵上飛舞，一定很陶醉。她投入得連頭髮也畫成像琴鍵的樣子。你猜妹妹頭上深與淺綠色的長方形是甚麼? 還有請你把圖畫放遠一點看，橫看、直看、倒過來看。會發覺它很好玩，像彩虹，像大蝴蝶，又或者巨形的蟹……

## 密碼註解

別以為妹妹頭上結了大蝴蝶，原來是擱在架上的琴譜。

## 祕密任務

1 請為以下的樂器填上正確的名稱，又哪一種樂器是你最喜歡的?

2 訪問爸爸媽媽，請他們說出一首最喜愛的歌曲。

爸爸最愛的歌曲是：

媽媽最愛的歌曲是：

3 你最喜愛的音樂是? 請用圖畫把它畫出來。

## 給家長的便條

藝術的美好，是在於它能帶給每個人不同程度的喜悅和感動、滿足和安慰。

《妹妹在彈琴》一書，傳達了作者敏銳的觀察、靈活的技巧、對音樂的感受和色彩的調配。在這一刻，軀體的病疾，只是形相，心神的康健和活潑，盡顯光芒。

《爸爸與我》 劉方　八歲

# 爸爸與我

「父親節快到了，我要親手繪畫一張賀卡送給爸爸，讓他有個驚喜。」

劉方在翻看日曆，心裏在想，想呀想 …… 腦袋裏忽然出現了一幅圖畫 ——爸爸變作了一個暖烘烘的太陽，發著閃閃的光芒，而劉方便是那偎倚在太陽身旁的藍色小地球。太陽光灑照在地球上，地球在笑，星星也在笑。

## 密碼註解

父與子＝劉方與爸爸＝太陽與地球

## 祕密任務

1 我的爸爸檔案資料

(a) 髮型、面型及五官 (*繪圖選擇)

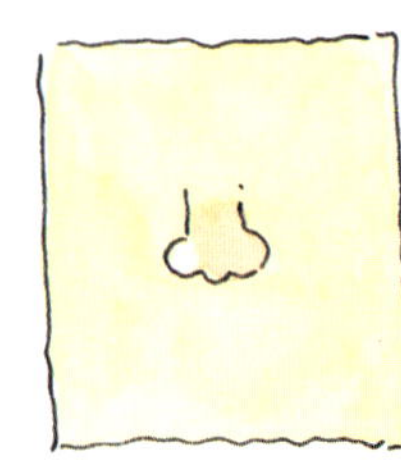

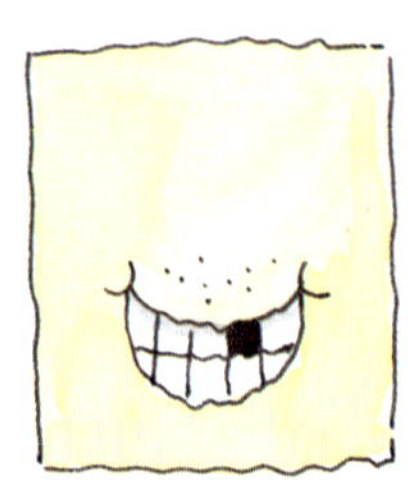

(b) 爸爸的身裁

高（　　）　矮（　　）　肥（　　）　瘦（　　）　標準（　　）

常穿著的服式

西裝（　　）　便服（　　）

常出現的面部表情

喜（　　）　怒（　　）　哀（　　）　樂（　　）　無表情（　　）

(c) 爸爸最愛說的話——

最愛吃的是——

最喜愛的運動——

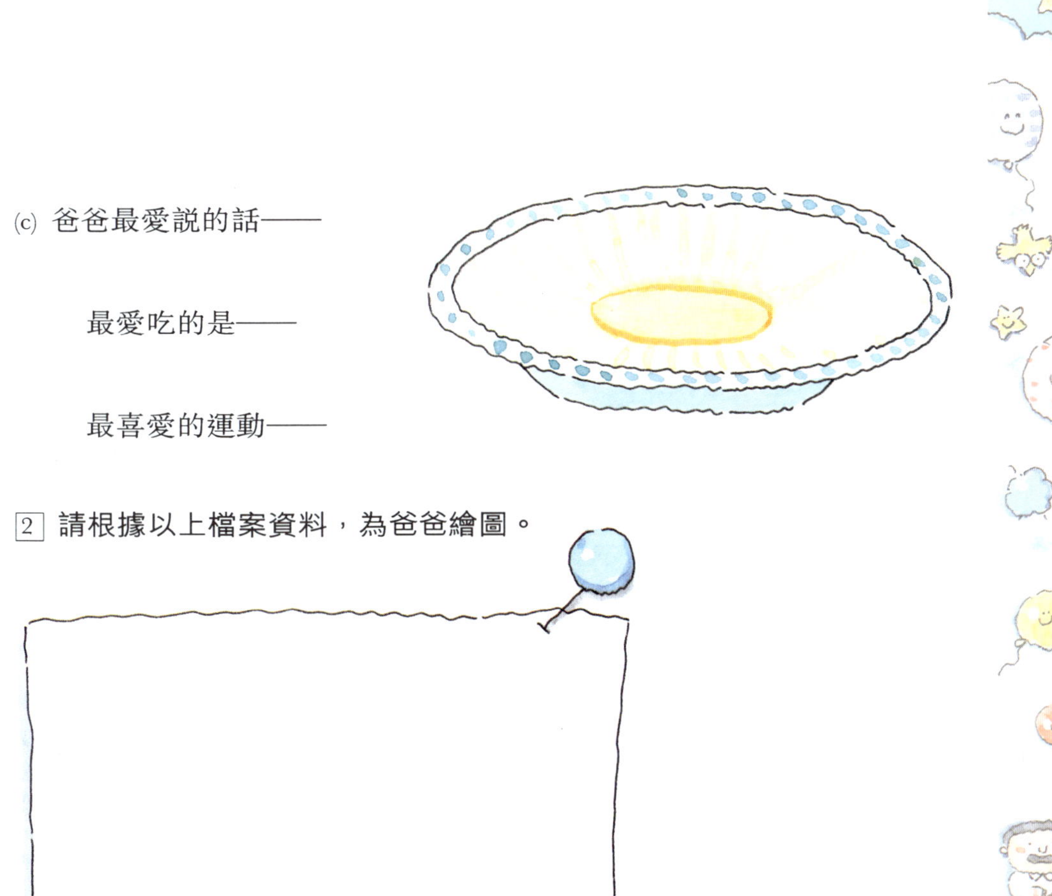

2 請根據以上檔案資料，為爸爸繪圖。

《媽媽在跳舞》吳翠萍　五歲

# 媽媽在跳舞

One more, two more ，左右左。

媽媽在跳舞！

翠萍畫了媽媽正在跳舞的情景。你看她跳得多投入多起勁。

你也一定有跳舞和做體操的經驗吧！跳舞除了手腳及全身要轉動外，重心的轉移，也是十分重要的。隨著重心轉移，便帶動了身體和頭部的動作。

現在我想請你猜猜圖中媽媽跳舞的姿勢，重心是在左腳或右腳？

猜不到？

不要緊。快快站起來照著圖多做兩次，那你便會明白了。

還有是，你知道圖中媽媽身後的長方形彩色格子是甚麼東西嗎？

## 密碼註解 

書架 

## 祕密任務 

1 找一個週末晚上，讓爸爸做觀眾，請媽媽和你一起跳個舞。

2 猴子要減肥，請你為牠設計一套體操。

3 利用圖示的動畫原理，在書角上創造一個你的動畫。

## 給家長的便條

翠萍的觀察力十分好，表達技巧也相當高。你看媽媽分開腿站立，長長的手臂向左右兩方伸展，一高一低很有節奏感。手臂下的空白，在構圖上產生了極大的張力，提供了想像空間，使兩手的活動範圍擴大，好像隨時會左右上下擺動似的。衣服簡單的一片黃色，能把視覺凝聚，最恰到好處是那兩點彩藍，把整個身體支撐著。還有那稍移向左方的頭及臉部的表情配合，把整個舞姿連貫起來。那些有跳舞經驗的朋友，對這動作，應不會感到陌生。

運用簡單流暢的線條，一氣呵成把一個充滿動感活力的舞姿，表達得如此神氣活現，真是毫不簡單啊！倘若我們匆匆一眼掠過，那將會是多麼大的損失。

童真

圖 A《茄子怕讀書》 楊三星 九歲

圖 B《茄子怕讀書》 楊三星 九歲

## 茄子怕讀書

圖 A 茄子邊跑邊笑，把書本都拋到腦後。為甚麼他這樣開心？當然因為不用溫習和讀書啦！

圖 B 茄子苦著臉，揮拳向寫著一百分的紙打去，這張大概是成績表或試卷吧！但他沒有忘記一百分即是 Good！

茄子的主人是楊三星，他平日最愛畫茄子。最近爸媽剛給他買了一具電腦，於是他試用電腦繪茄子。

## 祕密任務

1 三星為甚麼繪了這兩張圖畫?

(1) 無特別原因（　　）
(2) 愛畫茄子（　　）
(3) 討厭讀書和考試（　　）
(4) 考試壓力太大（　　）

2 三星喜歡取得一百分的成績嗎?

(1) 不喜歡（　）　(2) 無所謂（　）　(3) 喜歡但討厭溫習（　）

3 送你一個數字錦囊，只要把這個方程式記牢，便可以令你的朋友又佩服又驚奇了。

1X9+2=11
12X9+3=111
123X9+4=1111
1234X9+5=11111
12345X9+6=111111
123456X9+7=1111111
1234567X9+8=11111111
12345678X9+9=111111111

9X9+7=88
98X9+6=888
987X9+5=8888
9876X9+4=88888
98765X9+3=888888
987654X9+2=8888888
9876543X9+1=88888888
98765432X9+0=888888888

## 給家長的便條

鼓勵孩子在每一件應做的事上盡力做好，這當然包括讀書在內。這是一種基本態度，盡力而為便能無愧於心。一百分只是一個好壞的指標。本末倒置，把一時成績好壞看得太重，會令孩子產生不必要的壓力。

《殺人真兇》 譚偉彥　十歲

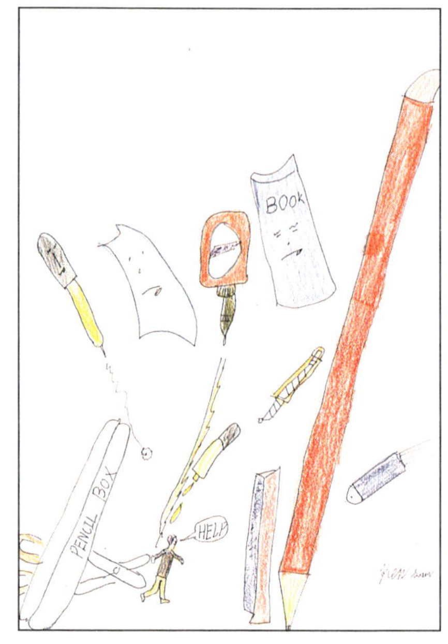


《殺人真兇》 林遠堅　九歲

## 殺人真兇

密封的學校像監牢一樣，相比下，書本怪獸巨大無比。這隻怪獸真厲害，簡直是刀槍大炮、火箭坦克也打不入。可憐的小朋友，在半空中大叫：「救命呀！我不要溫書！」

譚偉彥認為書本是可怕的怪獸。林遠堅看到了便說：「不單書本是怪獸，文具也會殺人呢！」你看這些原本可愛的文具，都變成了殺人武器，尖銳的筆嘴像刀劍一樣，剪刀更張開大口要把人吞進肚子裏。HELP！！！

你可曾做過這樣的惡夢?

## 祕密任務 

1 設計一個你最喜歡的書包或文具盒。

2 這裏有一個由 A 至 I 九個字母組成的圓形，假設八個你最討厭的敵人全在這裏，而你是領袖，可以把他們逐一消滅。但規則是先由 A 開始，只可消滅在它左方的敵人即 B，而 C 便消滅 D，餘此類推，每一個生存者先消滅在左方的敵人，直至最後只剩下一人，而這個當然是你。那你應該站在哪一個位置呢?

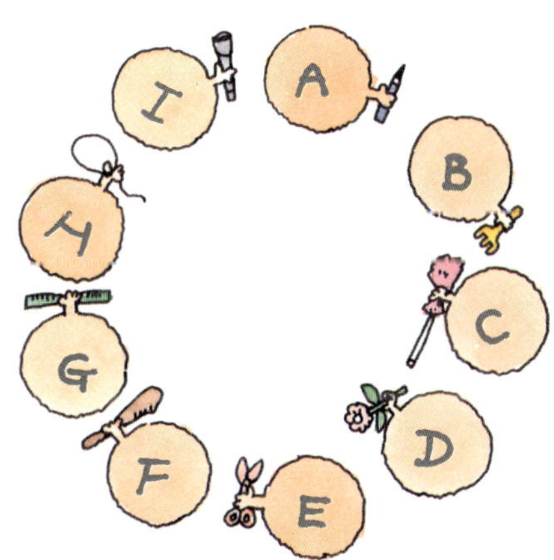

## 給家長的便條

考試的壓力，令小朋友對所有和讀書有關的東西都厭惡和害怕。它們真的變了殺人兇手。讓我們一起來消滅真兇。例如多關心和支持你的小朋友，培養他們多方面的興趣，安排一些課外及家庭活動。擴闊眼界，多關心社會和周圍的朋友，建立正確的人生觀。活潑健康的身心，是對抗壓力的最佳維他命。

秘密任務答案：C

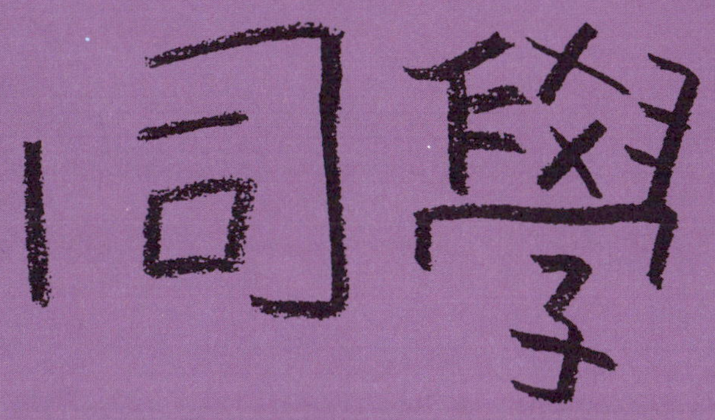
同學

《媽媽伴我去寫生》 楊巧雯　七歲

# 媽媽伴我去寫生

你認得圖中是甚麼地方嗎?

楊巧雯很喜歡這地方，特別是那位於梯級旁的古老煤氣燈。在上繪畫課時，當導師請小朋友繪畫有代表性的香港街景，巧雯便立即想起這裏了。但都爹利街地形頗複雜，單憑記憶，很難畫出來，巧雯畫了多次都不滿意，心裏很失望。細心的媽媽知道了，在一個星期天，特地帶她到都爹利街寫生，經過這次實地觀察，巧雯終於把畫完成了。你看，圖畫景物遠近分明，背景的樹木襯托著煤氣燈，樓梯的透視處理十分成功。巧雯也由失望轉為高興了。

## 密碼註解

這是位於香港島中環的都爹利街，及其具歷史性的煤氣燈。

## 祕密任務：

有一天，伊霞出外寫生，畫了一面旗，回來後發覺正確的旗原來是這樣的。

老師說，不要緊，只須把圖剪下一塊，再重新拼合起來，便能和原來旗幟的圖案一樣。(注意：只可剪下一塊。)

## 給家長的便條

父母的態度，對子女創作的進展有很大的關係。巧雯的媽媽，不單對她的學習關心，並用行動來支持，陪伴她去寫生。巧雯從失望到重拾信心，全賴媽媽的鼓勵。通過這次繪畫活動。母女分享了成功的喜悅的同時，彼此感情的溝通和了解，也在無形中慢慢增長。這亦是通過藝術而達到親子關係的培養。

## 親子活動教室

與子女安排一次郊外寫生活動。

秘密任務答案

《宇洇的第一課》祁宇洇五歲

# 宇沺的第一課

在閱讀附圖的文字說明前，我想考考你的眼力——

這是  甚麼地方，圖中人物正進行哪一類活動?

現在我為大家說說祁宇沺的故事。

五歲的祁宇沺，很喜歡塗塗畫畫。在一個星期天，爸爸帶他到老師的畫室上課，可是宇沺對陌生環境有點不習慣，只畫了一會，便嚷著到外面走走。爸爸徵求老師意見，老師贊成，於是爸爸帶他到附近的雪屐場滑雪屐。

這是個很好玩的遊戲，宇沺和爸爸手牽手，笑得合不攏嘴。一個女孩子在表演一字馬，啊！真了不起。她的本領把宇沺的注意力全吸引過去。後來回到畫室，宇沺把這愉快經驗立刻繪下。這便是他在畫室完成的第一幅圖畫。

原來

快樂是　上課不一定悶昏頭，

快樂是　老師說可以到外面走一走。

快樂是　爸爸與我手牽手，

快樂是　穿著雪屐的腿竟可以走。

## 密碼註解

這是戶外雪屐場，圖中人物正在滑雪屐。

## 祕密任務 

1 試回想你與爸爸或媽媽最快樂的時刻。是晚飯後一起看電視？或郊外活動？又或者是……為甚麼不把它畫出來呢！

2 還記得你第一次上繪畫班的心情嗎？如果要用顏色代表，你會挑選哪一個？

## 給家長的便條

把孩子送到精心挑選的畫室和音樂室處學習，然後孩子們便有義務要交回像樣的圖畫，彈出動人的音樂，你認為這樣便盡了父母的責任。做不好是孩子的問題，是導師的問題。希望你不會這樣想。專業導師的指導是好的，但並不是全部，孩子更需要家中父母的欣賞和鼓勵，惟有兩方面的協調合作，學習才能得到理想的成績，正如我們不可單依賴學校教育，家庭教育才是最基本的開始。

好的開始對學習至為重要，爸爸的關懷和支持，使繪畫變成了魔術遊戲。老師的體恤和開明，使畫室變成了兒童樂園。祁宇泅小朋友開始了他愉快的繪畫第一課。

你上一次與孩子的活動是多久以前？現在便立刻計劃你們下一次的活動吧！

# 畫圈不成可變「鳥」

你試過心中想畫一個圓形，或其他特別的形狀，但畫得不像，因此很失望嗎? 而倘若身旁的同學做得到，便會對自己更沒有信心了。

這天林紹朗在畫室，便遇到這樣的情況。他在紙上試畫一個圓形，可是不但不夠圓，上方一角更凹下去。在旁邊的同學，齊聲説可以把這個不整齊的圓形變化一下。紹朗本來沒有足夠的信心，但在眾人的鼓勵下，他便開始嘗試創作。在圓形的上方加上眼睛，再在身上加上彩色的翅膀和長尾巴，和幼小的鳥足。那凹下去的地方怎辦呢? 不用急，他在那裏加上了一個紅色的嘴，就這樣，一隻活潑可愛的鸚鵡便在紙上出現了。同學們看見了，都齊聲稱讚。紹朗於是增加了自信，他隨手在紙上多畫一個圈，這一次，他沒有理會圓形是否夠圓。在上面加上眼睛、鼻子和尾巴，還有四條腿，於是一隻「小動物」便完成了。(圖 A)

圖 A《畫圈不成可變「鳥」》　林紹朗　　四歲

圖 B《畫圈不成可變「鳥」》 林紹朗　　四歲

紹朗在創作中獲得了很大的滿足和快樂。於是再接再勵，在另一張紙上畫了一隻大鳥。這一次他信心十足，鳥兒神氣地站在地上，啄食著灑在四周的米糧。（圖 B）

## 密碼註解 

紹朗說這是一隻「小豬」。

## 祕密任務 

1 讓大家來嘗試紹朗的經驗。
試在紙上隨手畫一個圓形，然後觀察這個圖形可變作甚麼？把它繪成有意思的一幅圖畫。

2 閉上你的眼睛，隨意把泥膠搓成一團，然後張開眼睛，看看它像甚麼？跟著把創作完成。

## 給家長的便條

從紹朗這事，反映了同學們的關心和鼓勵，也是十分重要的。其實紹朗本是有能力做到和做得好的，可是因小小挫折而失去信心。倘若沒有了其他小朋友的鼓勵，他可能會立刻放棄，這樣會影響他日後創作的信心和興趣。通過這次重畫的成功，紹朗獲得的不單是自信，更重要是能發現和肯定了本身的潛能。而這個經驗和精神，是兒童成長中良好的培育和訓練。不單應用在繪畫上，就是在其他科目或別的事情上，遇到了困難和挫折，也不會輕易放棄，會嘗試尋求其他解決方法。這便是通過藝術訓練而獲得的最寶貴財富。